EFESIOS

EL MISTERIO REVELADO

José Young

MAESTRO

Ediciones Crecimiento Cristiano

José Young
Efesios : el misterio revelado . - 1a ed. -
Villa Nueva : Crecimiento Cristiano, 2014.
52 p. ; 21x14 cm.

ISBN 978-987-1219-30-8

1. Estudios Bíblicos.
CDD 220.7
Fecha de catalogación: 30/01/2014

Indice

Introducción

La carta a los Efesios es algo diferente comparándola con las otras cartas de Pablo. Algunas de sus características particulares son:

- En varios manuscritos antiguos las palabras "en Éfeso" no aparecen. Los comentaristas sugieren que la carta era más bien dirigida a varias iglesias.
- Pablo no nombra o saluda a compañeros o amigos como en las otras cartas. Ya que Pablo estuvo tres años en Éfeso, seguramente hubiera saludado a alguien por nombre (un buen ejemplo es la carta a los Romanos).
- En las otras cartas Pablo ofrece una solución a uno o más problemas de esa iglesia en particular. No lo hace en Efesios.

Pablo escribió la carta estando preso (posiblemente en Roma) y es una de las cuatro cartas escritas desde la carcel (además Colosenses, Filipenses y Filemón). Se ha llamado a Efesios como "La reina de las epístolas" por su excepcional contenido devocional y teológico.

1 *Efesios 1.1-14*

Pablo dirige su carta a los "santos" y fieles. (nota 1) Santos no porque eran sin mancha, sino porque habían sido separados por Dios para formar parte de su nuevo pueblo. Y comienza la carta misma con: "Bendito sea Dios, Alabado sea Dios", y sigue con una lista extensa de razones porque podemos y debemos alabar a Dios. Estudiar estos versículos en detalle sería una tarea muy extensa. Vamos a destacar siete de las afirmaciones de Pablo.

Primero, que hemos sido bendecidos en lugares celestiales (versículo 3). La expresión es extraña porque no parece que estamos en "regiones celestiales" (NVI) o "lugares espirituales" todavía. Tenemos nuestros pies bien plantados en la tierra.

1/ Pero vemos la expresión repetidas 5 veces en la carta. (nota 2) ¿En qué sentido estamos "en" los lugares celestiales ahora?

Segundo. Nos escogió antes de la creación para que seamos santos y sin mancha (versículo 4).
Realmente hay dos temas aquí: que nos escogió y su propósito.

2/ Busque:

a) Dos pasajes que afirman que es Dios quien nos escoge.

b) Dos pasajes que afirman que, sin embargo, necesitamos decidir nosotros si vamos a entrar en la familia de los escogidos.

c) Dos pasajes que confirman el propósio de Dios en escogernos, como afirma el versículo 4

Tercero. Nos predestinó para ser adoptados como hijos (5). El Nuevo Testamento no discute el tema de la predestinación. Como sugiere la pregunta anterior, es una sola moneda con dos caras. Pero este versículo no habla de la salvación, sino del propósito de ella.

3/ Así que somos hijos adoptados.

a) ¿Qué diferencias existen entre un hijo natural y un hijo adoptado?

b) ¿Esta diferencia afecta de alguna manera nuestra relación con Dios?

Cuarto, tenemos la redención, el perdón de nuestros pecados, mediante la sangre de Cristo (7). Reconocemos que la cruz es una parte central del evangelio. Así afirmó Pablo en Gálatas 6.14.

"En cuanto a mí, jamás se me ocurra jactarme de otra cosa sino de la cruz de nuestro Señor Jesucristo...".

Además Colosenses 3.14 insiste que la deuda contra nosotros fue clavada con Cristo en la cruz. Y otros muchos pasajes afirman que en su muerte, recibimos perdón (como Romanos 5.10 y Hebreos 9.15). Pero Pablo aquí dice que es por la sangre de Cristo que tenemos redención.

4/ Si con su muerte tenemos redención, ¿por qué agregar el tema de su sangre?

Quinto, Dios nos hizo conocer el misterio de su voluntad. (9) Cuando el Nuevo Testamento habla de "misterio", no significa algo misterioso, imposible de comprender. Más bien refiere a un secreto revelado en el momento apropiado.

5/ Según los siguientes pasajes, ¿cuál era ese secreto?

a) Romanos 11.25, 26.

b) 1 Corintios 15.51

c) Efesios 6.19

Sexto. Fuimos predestinados (11)
Más de una vez en estos versículos Pablo explica las razones por
qué Dios nos ha tratado así.
6/ Nos escogió, nos predestinó, pero ¿para qué?

Séptimo. Y por último, hemos sido sellados (13).
Hay muchas referencias a "sellar" y "sello" en la Biblia. Y la práctica duró mucho más allá de los tiempos bíblicos.
7/ En cuanto a sellos y sellar:
    a) ¿Qué propósito y función tenía el sello según los siguientes pasajes?

Daniel 12.4 y 12.9

2 Corintios 1.22

Efesios 4.30

2 Timoteo 2.19

Apocalipsis 5.1, 9.4 y 20.3

b) ¿Cómo aplicamos todo esto al versículo 13?

La palabra "arras" (versículo 14) significa garantía y en este caso, garantía de nuestra herencia (Nota 3)
Sí, hay ámplio motivo para alabar a nuestro Dios. Porque es él quien tomó la iniciativa, es él quien nos ha colmado de beneficios que nunca podemos merecer.
"Alabado sea Dios..."

Notas
1 - Las palabras "en Éfeso" no se encuentran en los manuscritos más antiguos.
2 - Se encuentra en 1.20, 2.6, 3.10 y 6.12.
3 - Es la palabra que, en el griego moderno, se usa para el anillo de boda.

2 *Efesios 1.15-23*

Cada tanto en las cartas de Pablo encontramos sus oraciones por las iglesias. Siempre con gratitud, y siempre pide a Dios lo que la iglesia realmente necesita.

Y en este caso primeramente da gracias por su fe y el amor que demuestran a los hermanos. Luego en los versículos 17 y 19 vemos lo que pide por la iglesia.

Primero pide que crezcan en su conocimiento de Dios (17). Es esencial, porque en ese conocimiento se basa la vida eterna (Juan 17.3). Pide que el Padre les dé "espíritu de sabiduría y revelación". (nota 1)

1/ ¿Qué es "espíritu de sabiduría y revelación"? ¿Pide una sola cosa o dos?

2/ ¿Qué puede significar "ser iluminados los ojos del corazón" (18)?

Los comentaristas unen "esperanza" y "herencia" en el versículo 18. Es decir que pide que sepan que tienen la esperanza de una herencia gloriosa.

Pablo ya habló de esa herencia en el versículo 14.

3/ Es un tema que la Biblia trata muchas veces. ¿Qué aprendemos de esa herencia de:
a) Romanos 8.17?

b) Gálatas 3.29?

c) Santiago 2.5?

d) Hebreos 1.14?

e) 1 Pedro 3.9?

Pablo pide que sepan la "extraordinaria grandeza de su poder con nosotros" (19)

4/ Es cierto que Dios demostró su poder a nosotros por medio de la resurrección, pero ¿de qué otras maneras nos ha demostrado su poder?

Desde el versículo 19 Pablo enfatiza que Dios levantó a Jesús de entre los muertos. Por supuesto, no es el primero que fue levantado (¿Recuerda a Lázaro?) Pero es el primero de la nueva creación, el primero que fue levantado para no morir nuevamente.

5/ ¿Qué significa "sentarse a la derecha? ¿Qué hace allí? Ver también Romanos 8.34, 1 Pedro 3.22 y Hebreos 1.13.

6/ Pablo afirma que Dios puso a Cristo sobre todas las cosas (versículo 22). ¿Hay alguna excepción?

Varias veces Pablo se refiere a Cristo como la "cabeza" de la iglesia (como Colosenses 1.18).

7/ Piense:

a) en las diferentes maneras en que nuestra cabeza se relaciona con el cuerpo.

b) ¿Cómo aplicamos esto a la iglesia?

La expresión del versículo 23 nos lleva a una conclusión. Dos versiones que lo expresa con claridad:

"Pues la iglesia es el cuerpo de Cristo, de quien ella recibe su plenitud, ya que es Cristo quien lleva todas las cosas a su plenitud." (DHH)

"..con Cristo, que todo lo llena, la iglesia queda completa." (Lenguaje actual).

Sí, Cristo es todo. Con él tenemos todo; sin él no tenemos nada. En este pasaje Pablo nos ayuda a ver cómo orar por la iglesia. Va a lo fundamental, no a lo superficial. Que el Señor nos ayude a orar con más profundidad.

Notas

1 - En el griego original no hay diferencia entre "Espíritu" y "espíritu". Es decir, el mayúscula para distinguir el Espíritu Santo no existe. El uso de las mayúsculas que aparece en nuestra Biblia es un factor de interpretación. En el versículo 17 algunas versiones tienen "espíritu" y otras "Espíritu".

3   *Efesios 2.1-10*

En el versículo 1 Pablo nos califica como "muertos" por lo que hicimos (nota 1).

1/ ¿En qué sentido estábamos muertos cuando activamente seguíamos nuestra propia voluntad? (3, NVI)

En este pasaje Pablo nos pinta un cuadro de "antes" y "después". Antes, objetos de la ira de Dios (3); ahora, con él en "las regiones celestiales" (6). (nota 2)

El aspecto "antes" del cuadro que Pablo pinta es grave. Vivíamos mal, pero note que hay un aspecto "consciente" de nuestra conducta y un aspecto "inconsciente".

2/ En base a este pasaje, explique la diferencia.

Pocas personas se dan cuenta de quién realmente manda en este mundo. Pero las Escrituras hablan mucho de él.

3/ Pero si Satanás "ejerce su poder en nosotros" (2, NVI), ¿por qué nosotros somos los culpables?

4/ También, si Satanás nos impulsa a hacer el mal, lo hace con el permiso de Dios. ¿Por qué, entonces, no podemos culpar a Dios por lo que hacemos?

Así vivimos, impulsados para hacer lo que Dios no aprueba. "Por naturaleza objeto de la ira de Dios" (3 NVI). Pero - y "pero" es una de las palabras más importantes de la Biblia - el Dios de misericordia nos da vida.

5/ ¿Cómo puede ser que nos "resucitó" (6) si nuestra resurrección es todavía futura?

¡Por gracia ustedes han sido salvos! (5 NVI). Esta frase sencilla anula todos los esfuerzos humanos de alcanzar a Dios

El versículo 8 es uno que se cita mucho por destacar la gracia de nuestro Dios. Aunque, normalmente, hay un poco de confusión en cuanto a su interpretación. Hay dos posibles afirmaciones en este versículo:

- La fe es un regalo de Dios
- La salvación es un regalo de Dios.

6/ A la luz del contexto, es decir el versículo 9, ¿cuál de las dos afirmaciones sería correcta? Apoye su respuesta con, por lo menos, un versículo bíblico.

Nuestra salvación es por fe, afirma Pablo, para que "nadie se gloríe" (9). No hay ningún aspecto de nuestra salvación de la cual podemos pensar: Yo lo hice". Podemos gloriarnos en la misericordia de Dios mostrada por Cristo Jesús a nuestro favor. El versículo 10 afirma una realidad central del evangelio. Hemos sido creados por Dios, pero con un propósito.

7/ a) ¿Cuál es el propósito?

b) Nuestra realización personal, nuestra felicidad, ¿tiene relación con ese propósito?

La primera creación falló a causa del pecado. La nueva creación (2 Corintios 5.17) tiene una tarea ya preparada por Dios.

Notas

1 - La expresión "El nos dio vida a nosotros" del versículo 1 de la versión RV no se encuentra en el original. Fue agregado del versículo 5 como aclaración. El versículo, en la versión griega, dice simplemente "Y ustedes, siendo muertos..."

2 - La expresión "hijos de ira" es un modismo hebreo. "Hijo de..." describe a una persona de un grupo particular. Por ejemplo, "hijos de desobediencia" (2.2), "hijos de luz" (5.8). De la misma manera Jesús destacó su humanidad por llarmarse "hijo del hombre".

4 *Efesios 2.11-22*

Aunque seguramente hubo judíos en la iglesia de Éfeso, Pablo ahora se dirige a los no judíos, a los "gentiles".

Pablo sugiere que lo que distingue entre a un grupo de otro es la circuncisión.

1/ Busque Génesis 17.9-14. ¿Cuál fue el propósito de la circuncisión?

También Pablo afirma que los no judíos están "ajenos de los pactos de la promesa".

Los judíos se jactaron de ser de la "circuncisión", es dicir pertenecer al pueblo elegido de Dios.

2/ ¿Qué agregan Romanos 2.28, 29; 1ª Corintios 7.19; Gálatas 5.6 y 6.15 al tema?

3/ Busque Génesis 12.2; 13.4-15; 17.1-2; 22.15-18 y explique esos pactos.

Pablo destaca la brecha entre los dos grupos.

4/ ¿Cuál es ese "muro de enemistad" (versículo 14) que existía?

a) ¿Cómo lo eliminó Cristo?

Pablo afirma que el resultado de la obra de Cristo es una nueva humanidad ("hombre" en la versión RV). Esta nueva humanidad no es judío ni gentil: es una nueva creación de Dios.

5/ Si una persona entra en esa nueva humanidad, qué cambios hay para:
   a) el judío que se rinde a Cristo?

b) el gentil que se rinde a Cristo?

Pablo dice que esta nueva humanidad está edificada sobre un doble fundamento: los apóstoles y los profetas. (Nota)
   Pablo también utiliza tres figuras para describir esa nueva humanidad.

6/ ¿De qué manera somos:
a) conciudadanos? (19)

b) familia? (19)

c) templo? (21)

7/ ¿Qué aprendemos de este templo en 1 Pedro 2.5?

Pablo dice que la piedra angular (NVI) o principal piedra del ángulo del templo (RV) es Cristo (1 Pedro 2.7).

8/ ¿Qué función tiene una piedra angular?

Nota

Que Pablo no se refiere aquí a los profetas del Antiguo Testamento se ve en Efesios 3.5 y 1 Corintios 14.3, 4. Son ellos (los apostóles) quienes edificaron a las nuevas iglesias.

---

5 *Efesios 3.1-13*

Pablo afirma de nuevo que oraba por ellos, pero se distrae para aclarar un tema. Recién en el versículo 14 continúa con su propósito original. (Nota 1) Los versículos 2-13 son un paréntesis en su pensamiento.

1/ Pero note que el versículo comienza con "Por esta razón (causa)..." ¿Qué causa?

Pablo se llama a sí mismo "prisionero de Cristo Jesús"

2\ ¿Cómo entiende usted esa descripción?

En el versículo 2 Pablo afirma algo que ellos ya debían saber. Él había pasado dos años en Éfeso (Hechos 19.10) y dice Lucas en Los Hechos que toda la zona había oído el evangelio.

Pablo habla del "misterio" que fue revelado a los apóstoles y profetas. (Nota 2)

Hay que recordar que en el contexto del Nuevo Testamento un "misterio" no es algo misterioso, sino una verdad escondida hasta el momento apropiado.

3/ ¿Cuál puede ser la razón porque ese "misterio" no fue revelado antes?

4/ Termine esta frase: El misterio del cual Pablo habla es:

Pablo sentía gratitud por que a él fue dado el privilegio de compartir ese misterio.

5/ Pero ¿por qué agrega "soy el más insignificante de todos los santos"? (versículo 8 NVI)

6/ ¿Cómo define el versículo 10 el ministerio de la iglesia?

7/ Cuando Pablo habla de "poderes y autoridades en las regiones celestes", ¿a qué se refiere? Note también 1 Pedro 1.12.

Dios tenía hecho ya sus planes para su pueblo y el mundo aun antes de la creación. Formó un pueblo, sabiendo que iba a fracasar, pero sobre los "escombros" de ese pueblo planeaba formar otro.

Es llamativo que Pablo dice que ellos no deben desanimarse por los sufrimientos de él (versículo 13), sino que sus sufrimientos eran un honor para ellos.

Pablo sigue exhaltando la persona y obra de Cristo. Destaca que es por fe, por la gracia, que Dios obra en el mundo por medio de Jesucristo.

Y dio gracias por el privilegio de ser utilizado por Dios para romper la barrera que existía entre los judíos y los demás, formando un nuevo pueblo.

Notas

1 - La versión NVI agrega en el versículo 1 "..me arrodillo en oración." pero estas palabras no están en el original. Las han incluído como una aclaración con referencia al versículo 14.

2 - Aunque normalmente pensamos en los profetas de la época del Antiguo Testamento, vemos que también hubo profecía - y como consecuencia profetas - en la época del Nuevo Testamento (Note 1 Corintios 14.3, 4).

6 Efesios 3.14-21

Con el versículo 14 Pablo toma de nuevo el tema que comenzó en el versículo 3. Sus oraciones son ricas en contenido y apuntan a las necesidades reales de sus oyentes. La posición más común para el judío para orar era ponerse de pie. Y muchas veces con las manos levantadas (Mateo 6.5, Lucas 18.11, 13, 1 Timoteo 2.8)).

1/ ¿Qué puede significar, entonces, que Pablo se arrodilló delante de Dios?

2/ ¿Cómo compara el contenido de esta oración de Pablo con la manera en que nosotros normalmente oramos?

Es claro que éste debe ser solamente un resumen del contenido de la oración de Pablo. Pero en esta breve síntesis hay cuatro conceptos que merecen ser pensados.

3/ Pablo pide que sean "fortalecidos" . ¿(16)Para qué o contra que?

4/ Pide que "Cristo habite en sus corazones"(NVI). Si lo tenía que pedir, ¿será algo que no es permanente? ¿Qué le parece?

5/ Pide que sean "arriagados" y también "cimentados". ¿Es lo mismo?

a) ¿Será algo que nosotros hacemos o algo que Dios hace?

6/ Pablo pide comprensión de la magnitud del amor de Cristo. ¿Es posible realmente comprender ese amor? ¿Por qué?

En el versículo 20 Pablo afirma que el Señor puede hacer más aun que no podemos imaginar o pedir... en nosotros.

7/ ¿Puede pensar a lo que se refiere? ¿Más que podemos imaginar?

Más de una vez en las Escrituras vemos la afirmación acerca de Jesús: "¡A él sea la gloria y el poder por los siglos de los siglos!" (Apocalípsis 1.6 NVI) Pero Pablo en el versículo 21 pide: "a él sea la gloria en la iglesia".

8/ ¿Cómo ha de recibir "gloria en la iglesia"?

7 *Efesios 4.1-16 (1)*

Con el capítulo 4 vamos a la práctica. Conforme a lo que vimos en los primeros 3 capítulos, esta realidad acerca de Jesucristo debe resultar en cierta clase de vida.

El verbo en el versículo 1 es literalmente "andar". Las versiones NVI y DHH lo interpretan.

1/ ¿Qué de especial tiene el verbo "andar" para la vida cristiana? Note también 1 Juan 1.7, 2.6 y Romanos 6.4, 8.1 donde aparece el mismo verbo (Nota 1).

Pablo dice que debemos andar como es digno de nuestra vocación. Busque este versículo en otras versiones de la Biblia.

2/ ¿De qué vocación habla?

Pablo dice que debemos andar dignos de la vocación ("llamamiento" NVI) con que fuimos llamados. Y en el versículo 2 indica tres características que debe tener esa vocación.

3/ Dé su propia definición de estos tres términos. Dé, o invente, un ejemplo que demuestre esa caracteristica en la práctica. (Nota 2)
  a) humildad.

b) mansedumbre ("amables" NVI).

c) soportar con paciencia (RV) (¿soportar qué?).

d) ¿Existe diferencia entre humildad y mansedumbre, o son lo mismo?

Pablo nos exhorta a esforzarnos (NVI) para mantener la unidad, porque hay un solo cuerpo, la iglesia de Cristo. Hay un solo Espíritu, el que vive en todo discípulo de Jesucristo. Una sola esperanza del regreso de nuestro Señor. Un solo Señor, el que vino para vencer la muerte. Una sola fe, sobre la cual edificamos la vida cristiana (nota 2). Un solo bautismo con el cual iniciamos públicamente nuesro andar con Cristo.

Pero, ¿podemos hablar de unidad cuando hay miles de grupos cristianos diferentes? Y aun peor, muchos se acusan entre sí.

4/ ¿Qué opina usted?

5/ ¿Es "unidad" lo mismo que "uniformidad"? ¿Cuál es la diferencia?

El versículo 6 destaca al Padre.

6/ ¿Qué significa el hecho de que el Padre
a) está sobre todos?

b) es por todos (por medio de todos, NVI)?

c) está en todos?

En el versículo 5 Pablo insiste que hay una sola fe cristiana. Pero el versículo 7 introduce un nuevo tema donde sí hay una diversidad necesaria para la iglesia.

La palabra "don" en el versículo siete significa simplemente "regalo". Otros pasajes, como 1 Corintios 12 detallan los "regalos" que Dios ha dado a su pueblo, pero aquí señala cuatro capacidades fundamentales. El Cristo resucitado ha capacitado a su iglesia para cumplir su función.

El versículo 9 no es tan claro. Los comentarists sugieren que hay tres posibles maneras de entenderlo. Que Cristo descendió:

- al hades, el "sheol" del Antiguo Testamento donde están los muertos. Así Hechos 2.27.
- al sepulcro, la cueva donde Jesús fue sepultado.
- a la tierra misma en su encarnación.

Como dije, Pablo no nos da suficientes detalles como para resolver la cuestión.

7/ ¿Cuál es su opinión? ¿Cuál parece más factible y por qué?

Sea cuál sea la respuesta de la pregunta 7, es claro que lo hizo para "llenarlo todo" (NVI). Note Efesios 1.10 y Habacuc 2.14.

Los "dones" que Pablo enumera aquí son cuatro. Los comentaristas notan que la mejor traducción de "pastor y maestro" es "pastor-maestro", es decir, refiere a la misma persona.

8/ Explique la función de un
   a) apóstol.

b) profeta (vimos algo de ellos en Efesios 2).

c) evangelista.

d) pastor-maestro.

Los dones describen funciones. Tienen un propósito para la vida de la iglesia. Su función se define en el versículo 12: preparar a los miembros de la congregación para cumplir su tarea en la iglesia.

Notas

1 – El verbo griego en todos estos versículos es "andar" aunque varias versiones de la Biblia lo traducen de otra manera. La version RV es la más literal en este caso.

2 - Los comentaristas indican que Pablo habla del bautismo del Espíritu. Ver 1 Corintios 12.13. "Fe", en este contexto, refiere al conjunto de la verdad cristiana.

8 *Efesios 4.1-16 (2)*

Con esta lección seguimos con el tema de los dones.

1/ ¿Cómo define usted el propósito de los dones que Pablo menciona?

La meta, el "producto final" de ese propósito se define en el versículo 13.

2/ Dé su propia experiencia con iglesias. ¿Le parece que es realista la meta o es un sueño? ¿Por qué?

Lo que el Señor quiere evitar es que nos quedemos niños.

3/ Dé su propia definición de un "niño" en la fe.

4/ ¿Qué agrega Hebreos 5.11-14 al tema de los niños espirituales?

El primer verbo del versículo 15 puede significar "comunicar" o "tratar correctamente" y solamente aparece dos veces en el Nuevo Testamento. En Gálatas se traduce por "decir", pero en este pasaje tiene una variedad de traducciones:

RV = seguir
NVI = vivir
DHH = profesar
Jerusalén = ser sincero

5/ ¿Cuál le parece es la verdad que Pablo quiere comunicar con este versículo?

El versículo 16 dice mucho con pocas palabras. El tema es la iglesia y su crecimiento.

6/ Según Pablo en este versículo, ¿quién es responsable por su crecimiento?

Hay una expresión difícil aquí que se traduce de una variedad de maneras interesantes.

RV = "..bien concertado y unido entre sí por todas las coyunturas que se ayudan mutuamente..."
NV = "..sostenido y ajustado por todos los ligamentos..."

DHH = "..se ajusta y se liga bien mediante la unión entre sí de todas sus partes;"

Jerusalén = "..todo el Cuerpo recibe trabazón y cohesión por medio de toda clase de junturas que llevan la nutrición según la actividad propia de cada una de las partes..."

7/ ¿Qué ha de significar esta expresión de Pablo?

8/ ¿Será posible vivir o decir la verdad pero no con amor?

Según Pablo la iglesia se edifica de acuerdo a la actividad de cada miembro. Este es un tema que Pablo trata más ámpliamente en 1 Corintios 12.

9/ En resumen, ¿cuál es el mensaje para nosotros en este pasaje (4.1-16)?

9 *Efesios 4.17- 32*

En los siguientes versículos Pablo se pone firme. "Requiero" según la RV, "insisto" según la NVI.

1/ ¿Por qué insiste tanto?

Pablo reconoce que son "gentiles", es decir, no son judíos, sin embargo ya son más que gentiles (3.6). Debe haber, entonces, un contraste entre sus vidas y la de los demás.

2/ ¿Cómo describe usted "dureza de corazón"?

3/ Note el versículo 18. ¿Su ignorancia era causada por su "corazón duro" o el corazón duro resulta en ignorancia?

4/ En el versículo 19 Pablo ofrece una evaluación de la persona sin Cristo.

a) ¿Usted era así?

b) Si no, ¿cómo describe su vida antes de conocer a Cristo?

Pero ellos no habían aprendido a vivir esa clase de vida. Habían recibido enseñanza acerca de Cristo. (Nota 1) Como consecuencia, dice Pablo, deben hacer tres cosas si en realidad entendieron lo que oyeron.

5/ Explique lo que Pablo exige cuando dice (RV):
a) despojaos.

b) renovaos.

c) vestíos.

Pablo habla del nuevo hombre "creado a imagen de Dios" (Nota 2). Pero sabemos que el hombre viejo también fue creado a imagen de Dios (Génesis 1.27).

6/ Si es así, ¿qué quiere decir Pablo en el versículo 24?

"Por lo cual", a consecuencia de lo que terminó de escribir, Pablo da una serie de exhortaciones. "Somos miembros los unos de los otros...", somos un cuerpo. Y siendo miembros, debemos desechar la mentira.

7/ Si la comunicación entre miembros no es verídica, ¿qué pasa a) en el cuerpo humano?

b) en la iglesia?

Pablo sigue diciendo que no debemos enojarnos.

8 - ¿Es aceptable para el cristiano enojarse? Si es aceptable, ¿cuándo es correcto y cuándo no?

De todos modos, afirma Pablo, tiene que ser una cosa pasajera. En el versículo 27 agrega un comentario sobre el diablo.

9/ ¿Qué quiere decir Pablo en el versículo 27?

El tema del robo no tiene que ver solamente con ladrones. Es también algo que toca a toda la sociedad.

10/ ¿De qué maneras existe el "robo" en nuestra sociedad, aparte de lo que hacen los ladrones?

11/ ¿Puede un creyente robar? Explique.

La palabra "corrompida" del versículo 29 se traduce de diferentes maneras:

"conversación obscena" (NVI)
"malas palabras" (DHH)

Pero la idea es clara. Edificar y no destruir. Con gracia y no con aspereza. Pablo amplia el tema en los versículos 31 y 32. El versículo 30 es uno de los pasajes que afirman que el Espíritu Santo es una persona, no simplemente una "influencia espiritual".

12/ Pero ¿qué es esto de "entristecer" al Espíritu? ¿Cómo lo podemos hacer?

Pablo dice que hemos sido "sellados" con el Espíritu. Busque Romanos 4.11, 2 Timoteo 2.19 y Apocalipsis 5.1 y 9.4 (La versión DHH lo traduce de otra manera).

13/ ¿Qué significa el hecho de haber sido sellados con el Espíritu?

Los versículos 17-32 son solamente el comienzo de una serie de instrucciones acerca de cómo debemos vivir la vida cristiana.

Notas

1 – La expresión "si de veras" (NVI) o "si de verdad" (RV) del versículo es algo irónica. Es como si dijera Pablo: Si es cierto que han aceptado la verdad del evangelio, entonces la comprobación se ve en un estilo de vida."

2 - Los comentaristas afirman que "a imagen de Dios" sería la traducción más correcta. Es así con las versiones posteriores a RV60.

10 _Efesios 5.1-20_

Hay que recordar que la división de las Escrituras en capítulos no viene de los documentos originales sino que fue agregada en una fecha posterior. Así que Pablo comienza nuestra porción con un "por tanto", es decir, como consecuencia de lo anterior debemos vivir de cierta manera. En un sentido es más fácil no hacer el mal que hacer el bien. Pero la vida cristiana es mucho más que no hacer el mal. En este caso Pablo dice que es imitar a Dios.

1/ ¿De qué manera los niños imitan a sus padres? ¿Pueden dar ejemplos?

2/ ¿Qué es imitar a Dios? ¿Imitar qué?

El modelo que Pablo nos ofrece es Cristo mismo. Habla del sacrificio de Cristo como "olor fragante". La figura viene del Antiguo Testamento donde el humo de los sacrificios quemados sobre el altar era un "olor fragante/agradable" (por ejemplo, Éxodo 29.18).

3/ ¿En qué sentido puede el sacrificio de Cristo ser un "olor fragante" para Dios?

El versículo 3 no dice que debemos evitar la fornicación o la avaricia sino que ni debemos hablar de ellos. Pero ¿no tenemos la obligación de condenar tales actividades?

4/ ¿Qué le parece? ¿Qué exige Pablo en el versículo 3?

Note como otras versiones traducen los "no debe" del versículo 4:

NVI	Lenguaje actual
palabras indecentes	malas palabras
convesaciones necias	tonterías
chistes groseros	vulgaridades

5/ ¿Es posible que un creyente hable así? Si es posible, ¿Cuál es su problema?

6/ ¿De qué manera la avaricia (versículo 5) es idolatría?

En el versículo 6 Pablo dice que algunos pueden intentar engañarnos con "palabras vanas". Según el contexto (el versículo 5) pretenden afirmar que las cosas del versículo 5 no son tan graves.

7/ ¿Qué argumentos pueden usar para convencernos?

Luz es una figura que encontramos cada tanto en las Escrituras. Dios es luz (1 Juan 1.5), el Señor Jesús es luz (Juan 8.12) y nosotros debemos ser luz (Mateo 5.14). Noten especialmente los versículos 8 a 13.

8/ Según estos versículos, ¿qué es
a) ser luz en el Señor?

b) andar como "hijos de luz"?

9/ ¿Qué le parece? ¿El versículo 14 es para los "paganos" o se aplica también a los creyentes? (Nota)

10/ En el versículo 15 Pablo dice que no debemos ser necios sino sabios.
a) ¿Qué diferencia existe entre ser inteligente y ser sabio?

b) ¿Cómo podemos llegar a ser "sabios"?

Ser sabios y aprovechar el tiempo dice Pablo (versículo 16).

11/ ¿De qué manera hemos de "aprovechar el tiempo?

12/ No debemos embriagarnos, dice Pablo en el versículo 18, sino ser llenos del Espíritu.
a) ¿Implica que no todo creyente está lleno del Espíritu?

b) ¿Qué relación puede haber entre embriagarse y ser lleno del Espíritu?

Los últimos dos versículos pintan un cuadro saludable de la vida cristiana. Hablando entre nosotros con cosas espirituales. Cantar y alabar a Dios de todo corazón. Siempre dando gracias a Dios. Así debo ser... así todos debemos ser.

Notas
El versículo no cita un pasaje específico del Antiguo Testamento sino que es una combinación de varios pasajes. Es probable que fuera parte de un himno que cantaban los primeros cristianos.

11 *Efesios 5.21-33*

Esta es una de las porciones más vitales para una familia sana, pero a la vez una de las más difíciles. No difícil de comprender sino de aplicar. En una gran parte de la sociedad latinomericana, el planteo de Pablo no tiene nada que ver con la realidad. Pablo comienza con una exigencia para todos.

1/ ¿Qué quiere decir el versículo 21? (nota 1).

Primero, las esposas. Han de someterse a sus esposos como al Señor.

2/ ¿Cuáles pueden ser los límites de esa sujeción?

3/ ¿Qué aporte puede dar 1 Pedro 3.1-6 a este tema?

La razón que Pablo da es que el marido es "cabeza" de la mujer. El concepto "cabeza " no es fácil. Ya lo vimos en 1.22 y 4.15.

4/ ¿De qué maneras el concepto del hombre como "cabeza" explica la relación entre esposo y esposa?

Someterse al esposo como la iglesia se somete a Cristo no es una tarea fácil para la mujer. Ya vimos algunas de las complicaciones en las preguntas 2 y 3.

5/ Ahora le toca al esposo. ¿De qué maneras Cristo ama a su iglesia?

6/ ¿Qué problemas especiales puede tener un esposo para amar a su esposa como Cristo amó a la iglesia?

7/ Si hemos de amar a nuestras esposas como Cristo amó a la iglesia, ¿de qué manera hemos de aplicar el versículo 27?

Si el hombre y la mujer forman un nuevo ser (versículo 31), entonces cuando uno cuida al otro está cuidando a sí mismo. Maltratar al otro es maltratar a sí mismo (versículos 28, 29).

8/ ¿Está de acuerdo con esta conclusión? Explíque.

La palabra "respetar"en el versículo 33 es la misma que encontramos en el versículo 21: temer.

9/ ¿Qué diferencia existe entre respetar, someterse y temer?

10/ Finalmente, ¿cuál es más difícil de cumplir: amar a la esposa como Cristo amó a la iglesia o someterse al esposo como un creyente se somete a Cristo?

Es importante recordar que Pablo habla de obligaciones, no derechos. Ninguno de los dos tiene el derecho de exigir que el otro cumpla con lo que Pablo explica aquí.

Notas
1 - El verbo "someter" es principalmente un término militar. Indica la posición de un soldado frente a su superior.

12 *Efesios 6.1-9*

Relaciones. Una buena parte de la Biblia tiene que ver con relaciones. Ya vimos el tema de los conyuges. Ahora nos toca dos temas que son facilmente distorcionados. Primero Pablo dice que los hijos deben obedecer a sus padres.

1/ ¿Qué es obedecer "en el Señor"?

2/ Obedecer y honrar.
a) ¿Qué es "honrar" a los padres?

b) ¿Es lo mismo que obedecerles?

Pablo dice que es un mandato con promesa y cita parcialmente Éxodo 20.12 y Deuteronomio 5.16. Compare estos dos versículos con el versículo 2 de nuestro pasaje. Los versículos del Antiguo Testamento se aplican a una situación histórica, particular.

3/ ¿Cómo se puede entender esa promesa en el contexto actual en que vivimos? ¿Es aplicable?

4/ ¿Se pueden aplicar estos mandatos en el caso de un joven creyente con padres que no son creyentes?

Todo tema de relaciones es como una moneda de dos caras. Las dos partes, si siguen el consejo de Dios, encuentran un equilibrio justo para ambas. Desde el versículo 4 toca a los padres.

5/ ¿De qué maneras podemos provocar a nuestros hijos?

Pablo habla de provocar y disciplinar.

6/ ¿No es la disciplina una provocación? Explique.

7/ ¿Qué agrega Hebreos 12.5-11 al tema?

Aunque la Reina Valera utiliza "siervos" en los versículos 5-9, la palabra literal es "esclavos". Es un tema amplio pero es necesario tomar en cuenta dos cosas.

Primero, la esclavitud era una parte íntegra de la sociedad. No sabían de otra cosa. Y se ve que Pablo aquí aplica su propio consejo de 1 Corintios 7.20-24. En vez de intentar crear una revolución contra la esclavitud, les dió consejos de cómo glorificar a Cristo en su situación. Es cierto que los cristianos estuvieron en frente de la lucha contra la esclavitud, pero siglos después.

Segundo, agrego una cita:

"La esclavitud doméstica y pública eran las formas más comunes. En el primer caso los esclavos eran comprados y empleados como índice de riqueza. Cuando sólo se poseía uno o dos, trabajaban a la par de su amo en las mismas ocupaciones. En Atenas no se los podía distinguir de los hombres libres en las calles, la familiaridad de los esclavos hacia sus dueños era tema característico de las comedias. En Roma las grandes casas empleaban veintenas de esclavos por puro lujo. Su trabajo era altamente especializado y con frecuencia sumamente ligero. En el caso de los esclavos públicos, su posición les confería una buena medida de independencia y respeto. Realizaban toda suerte de tareas en ausencia de un servicio civil, incluyendo también servicios policiales en algunos casos. Las profesiones tales como la medicina o la educación comúnmente eran seguidas por esclavos." (Nueva Diccionario Bíblico Certeza, página 438)

La conclusión de los comentaristas es que podemos aplicar los versículos 5-9 a la situación de empleadores y empleados.

Aunque las palabras "temor y temblor" se aplican al esclavo, propongo que también deben reflejar un aspecto de la actitud del empleado cristiano.

8/ ¿Qué opina usted?

La versión RV en el versículo 5 dice "con sencillez de corazón".
Pero las versiones más modernas aclaran la expresión:

"con integridad de corazón" (NVI)
"sinceridad de corazón (DHH)

Nuestro trabajo "secular" como el trabajo de la iglesia necesitan integridad de nuestra parte para tener valor.
El versículo subraya una actitud que debemos tener en todo lo que hacemos: "servir como al Señor y no a los hombres".

9/ ¿Cómo entiende usted al versículo 8?

Hay, últimamente, un solo consejo para los "amos". Pero la clave ha de ser que para el Señor "no hay acepción de personas" (versículo 9).

10/ ¿Cómo se aplica esa expresión a una persona que tiene empleados?

Sí, la vida cristiana es una vida de relaciones. Primeramente una relación correcta con Dios, pero esa relación es la base de todo lo demás.

13 *Efesios 6.10-24*

La escena que Pablo pinta en estos versículos es de una guerra. Hay un enemigo peligroso y el cristiano inevitablemente tiene que enfrentarlo.

1/ ¿Implican estos versículos que un cristiano puede caer frente al enemigo?

2/ ¿Qué es "estar firme" frente al enemigo?

El versículo 12 describe al enemigo utilizando 4 categorías. Normalmente no pensamos que el reino de Dios puede ser tan "complicado" con principados y gobernadores, pero todos son seres espirituales, "de las tinieblas de este mundo".

3/ Encontramos poca información acerca de ellos, pero ¿cómo nos ayudan Juan 12.31, Juan 14.30 y 2 Corintios 4.4 a comprender nuestra situación?

4/ ¿Qué estrategias utiliza el enemigo para atacar?

Además de estar firmes, debemos equiparnos con la armadura de Dios, una figura que viene directamente del soldado romano. Note que hay cuatro elementos de "defensa" y dos que pueden utilizarse en el ataque.

5/ Si debemos tomar toda la armadura de Dios, ¿de qué manera, actualmente, nos ponemos:
   a) el cinturón?

   b) el chaleco?

   c) el escudo?

   d) el casco?

Aunque la palabra de Dios y el evangelio pueden ser para la defensa, también pueden ser elementos de ataque.

6/ Explique cómo.

7/ ¿Qué agrega 2ª Corintios 10.3-6 al tema?

En realidad el versículo 8, literalmente en el original, comienza con "orando...". Es decir Pablo no cambia el tema. Si la armadura es de Dios, entonces la oración es la manera en que le tomamos la mano. Note que la palabra "todo" aparece 4 veces el la versión RV (versículo 18).

8/ ¿Por qué tanto énfasis?

9/ ¿Qué es "orar en el Espíritu"?

Es notable que Pablo encadenado en la prisión, no pide alivio o libertad sino el poder de comunicar el evangelio efectivamente.

Varias veces en sus cartas Pablo habla de la vida Cristiano como una batalla. Y el que gana la lucha es el que está preparado, capacitado. Pero la seguridad nuestra es que podemos, tal vez, perder una batalla, pero la victoria en la guerra es segura.

Cómo utilizar este cuaderno

Estos cuadernos son *guías de estudio*, es decir, su propósito es guiarlo a usted para que haga su propio estudio del tema o libro de la Biblia que desarrolla este material. El cuaderno propone un diálogo. En él introducimos el tema, sugerimos cómo proceder con la investigación, comentamos, pero también preguntamos. Los espacios después de las preguntas son para que usted anote su respuesta a ellas. Esperamos que, por medio del diálogo, lo ayudemos a forjar su propia comprensión del tema. No de segunda mano, como cuando se escucha un sermón, sino como fruto de su propia lectura e investigación.

¿Cómo hacer el estudio?

1 - Antes de comenzar, ore. Pida ayuda a Dios que le hable y le dé comprensión durante su estudio.

2 - Se deben leer los pasajes bíblicos más de una vez y preguntarse: ¿Qué dice el autor? Aunque muchos utilizan la versión Reina-Valera de la Biblia, conviene tener otra versión o versiones disponibles para comparar los pasajes entre las dos. La "Dios Habla Hoy" y la "Nueva Versión Internacional" lo pueden ayudar a ver el pasaje con más claridad.

3 - Siga con la lectura de la lección. Responda lo mejor que pueda a las preguntas.

4 - Evite la tendencia de "apurarse para terminar". Es mejor avanzar lentamente, pensando, preguntando, aclarando.

En grupo

El estudio personal es de mucho valor pero se multiplican los beneficios si lo acompaña con el estudio en grupo. Un grupo de hasta 8 personas es lo ideal. Pero, puede ser que por diferentes motivos el mismo grupo esté formado por usted y una persona más, aun así, es mejor que estudiar solo.

En realidad, estos cuadernos han sido diseñados con ese motivo: estimular el estudio en células, en grupos pequeños. La manera de hacerlo es fácil:

1 - **Usted hace en forma personal una de las lecciones del cuaderno**. Aun cuando pueda haber cosas que no entienda bien, haga el mayor esfuerzo posible para completar la lección.

2 - **Luego se reúne con su grupo**. En el mismo comparten entre todos las respuestas de cada pregunta. Puede ser que no tengan las mismas respuestas, pero comparando entre todos las van aclarando y corrigiendo.

Es durante este compartir semanal de una hora y media, este diálogo entre todos, donde se encuentra la verdadera riqueza y que nos provee esta forma de estudio.

3 - **Evite salirse del tema**. El tiempo es oro, y lo más importante es enfocar todo el esfuerzo del grupo en el tema de la lección. Luego, pueden dedicar tiempo para conocerse más y tener un rato social.

4 - **Participe**. Todos deben participar. La riqueza del trabajo en grupo es justamente eso.

5 - **Escuche**. Hay una tendencia de apurar nuestras propias opiniones sin permitir que el otro termine. Vamos a aprender de cada uno, aun de los que, según nuestra opinión, están equivocados.

6 - **No domine la discusión**. Puede ser que usted tenga todas las respuestas correctas, sin embargo es importante dar lugar a todos, y estimular a los tímidos a participar. No se trata de sobresalir, sino de compartir aprendiendo juntos.

Si en el grupo no hay una persona con experiencia en coordinarlo, se puede encontrar ayuda para dirigir un grupo en:

1 - Nuestra página web, www.edicionescc.com. La sección "Capacitación" ofrece una explicación breve del método de estudio.

2 - En las últimas páginas de nuestro catálogo se ofrece también una orientación.

---

3 - El cuaderno titulado **Células y otros grupos pequeños** es un curso de capacitación para los que desean aprender cómo coordinar un grupo.

4 - Hay algunas guías que disponen de un cuaderno de sugerencias para el coordinador del grupo.

Finalmente diremos que las guías no contienen respuestas a las preguntas ya que el cuaderno es exactamente eso, una guía, una ayuda para estimular su propio pensamiento, no un comentario ni un sermón. Le marcamos el camino, pero usted lo tiene que seguir.

Que el Señor lo acompañe en esta tarea y si necesita ayuda, comuníquese con nosotros. Estamos para servirle.

Se terminó de imprimir en los
Talleres Gráficos de Ediciones CC
Córdoba 419 - Villa Nueva, Pcia de Córdoba
IMPRESO EN ARGENTINA

.

www.ingramcontent.com/pod-product-compliance
Lightning Source LLC
Chambersburg PA
CBHW060615030426

42337CB00018B/3065